Short A Sounds

```
M C B P N G L A D
M P R W K K W K T
L L F A C P P K V
R Q R A B A A M L
A D L X L L D S K
N B N F R G R N S
C A M E L J A D R
K V N D L T G N R
X H P S T A F F T
```

black	glad
camel	pass
crab	ran
drag	staff
flap	tank

7

B Sounds

```
K  G  T  L  G  V  R  B  H
M  M  L  U  B  Q  L  O  X
F  A  B  Y  P  N  V  X  Y
B  J  G  E  L  B  C  M  O
D  J  M  C  A  M  O  G  M
F  D  K  B  V  N  N  N  Q
N  T  V  E  B  I  R  D  E
M  H  G  N  B  A  L  D  W
T  J  H  T  B  U  R  N  V
```

ball		bird	
bald		bone	
bean		box	
bent		bug	
bingo		burn	

BR Sounds

F K P R B B R A N
V Z M B R I B E D
G R T B U T T E M
M G R R S R E X F
B B N E H R V E T
R R R A B B C K L
O O A K K A R P T
K O J V R K R I V
E M Z B E R L H M

brace   bribe
bran   brim
brave   broke
break   broom
breed   brush

C Sounds

```
C  C  C  K  H  H  B  B  P
I  Y  E  M  N  O  X  T  P
R  N  D  N  C  A  R  T  Y
C  P  A  Q  T  O  L  Y  K
L  W  R  C  Q  E  R  Y  L
E  Z  L  U  M  P  R  E  T
M  B  W  E  A  R  M  M  J
Z  D  T  C  C  O  M  P  F
D  N  R  H  C  O  A  T  Q
```

cap	coat
cart	cob
cedar	come
center	core
circle	cue

10

CH Sounds

```
C  P  C  C  G  L  H  H  E
M  J  X  D  H  P  P  G  N
C  H  O  W  D  E  R  P  C
C  H  A  R  M  A  S  E  H
H  C  N  F  H  G  M  T  E
U  L  H  C  N  I  D  C  W
R  L  R  O  H  V  Q  H  Z
N  W  H  C  R  B  Y  U  K
C  H  I  N  B  E  T  M  K
```

charge	chin
charm	chore
chest	chowder
chew	chum
chime	churn

— CK Sounds

```
S W I C K K G D Z
N M R V C X T L B
A W Z O B R V P N
C R D K D K A K T
K X B U C K C C K
L R G I L I D B K
N T T R R O U F L
W S J B N Y C Y M
K N O C K K K K Z
```

brick	knock
buck	lock
crack	snack
dock	stick
duck	wick

CR Sounds

```
C  R  U  S  H  T  R  T  M
Z  P  M  D  F  E  N  V  M
C  R  I  C  K  E  T  L  X
F  L  C  C  C  R  A  N  E
R  C  A  R  K  R  B  P  E
N  R  C  L  E  I  O  D  X
C  E  R  D  R  D  U  O  R
F  E  O  C  D  R  I  Q  K
Y  P  P  Y  C  R  R  T  M
```

cracker
crane
credit
creep
crib

cricket
crook
crop
crude
crush

DR Sounds

```
D D Q D R U M R D
R F R B D L L J R
O Z A I S R Q K E
P R W S N G A N A
D K E H M K W M M
D R I L L O V N A
D L T D R A G O N
Y D R D R G D L K
N L M L D K M X F
```

drab
dragon
drama
dream
dress

drill
drink
drop
drown
drum

E Words

```
V  X  G  E  L  M  Q  V  L
E  N  T  E  R  N  E  R  D
F  Y  R  R  R  F  E  L  L
D  K  M  R  E  V  I  L  F
F  E  Q  O  E  D  O  Z  N
E  N  P  R  M  R  F  T  Q
L  K  T  I  N  T  S  V  L
S  H  V  E  C  A  Q  K  N
E  M  H  N  E  F  W  Z  L
```

east	enter
elf	epic
elm	error
else	ever
enroll	evil

Long E Sounds

```
J   P   E   E   R   R   X   S   L
C   G   K   Z   F   T   G   T   M
R   M   F   K   S   L   P   R   T
C   R   E   A   K   M   E   E   H
Y   T   E   F   S   R   K   E   R
Y   B   H   W   L   A   E   T   E
R   H   E   V   E   B   L   A   E
D   G   A   L   E   N   P   Z   D
V   K   T   T   P   C   L   K   T
```

beast	peer
creak	read
flee	sleep
heat	street
leak	three

16

Short E Sounds

```
X  Z  T  M  J  L  Y  E  S
W  K  Q  Z  L  L  M  F  W
M  S  T  E  M  N  H  J  D
Y  X  B  V  D  H  Z  E  B
K  C  H  E  S  S  E  L  N
K  T  L  N  W  D  L  L  X
P  S  E  T  G  L  M  Y  D
K  D  B  N  E  G  N  H  B
G  K  T  W  T  X  J  N  Q
```

bell	stem
chess	tent
held	vent
jelly	well
sled	yes

17

F Sounds

```
F  E  L  L  R  R  Z  W  R
F  Y  M  F  A  L  L  C  J
I  W  M  E  Q  T  L  M  B
S  K  F  M  B  F  O  R  M
T  F  D  I  X  K  D  Y  N
B  F  A  P  N  A  R  T  F
R  A  R  R  F  G  O  D  G
P  R  D  B  E  O  E  F  P
B  M  L  K  F  L  V  R  J
```

fad	fell
fall	finger
fare	fist
farm	foot
fear	form

FL Sounds

```
F  F  L  O  W  E  R  M  H
R  L  B  C  L  P  K  Q  G
F  L  A  W  J  C  P  L  P
F  L  T  V  I  F  L  I  P
L  K  O  L  O  Q  K  C  M
E  R  F  S  X  R  D  K  T
W  L  H  D  S  K  F  A  M
G  X  W  R  K  Z  L  V  K
J  F  L  U  F  F  Y  N  T
```

flat
flavor
flaw
flew
flick

flip
floss
flower
fluffy
fly

G Sounds

L P X T D L M E K
Z G G K L Z M M M
L N M I H A X P W
G G G P G L L J R
K E O B R U M G N
J M A L G U M O G
Q T P R F N M O F
L R G A P N C S Z
L R T G I N G E R

game | ginger
gap | golf
gear | goose
gem | gulp
gill | gum

GR Sounds

```
T  G  R  I  T  T  D  G  W
J  G  G  R  U  N  T  R  K
J  R  T  R  A  T  K  E  L
J  O  B  R  G  M  L  E  D
F  W  G  D  G  R  A  T  E
R  L  I  R  B  R  M  M  L
Z  R  Z  U  O  C  A  T  L
G  V  R  R  T  O  J  Y  M
P  G  T  K  G  J  M  G  N
```

grand	grit
grate	groom
gray	growl
greet	grub
grid	grunt

H Sounds

```
L X H Q R H L K M
Q X E X Q M O D M
J F L M U R V M E
X L M H H T T K E
H I P N I E I F Q
O M T B G H E V B
O K A H A D C L Q
K H P H M H U N T
Y L L Y T K B D T
```

habit	hip
had	home
heel	hook
helm	hum
hike	hunt

I Words

```
B  I  T  I  C  I  N  G  V
H  N  C  V  M  A  Y  J  C
X  Z  R  O  E  A  X  Q  D
Z  G  J  D  N  E  G  E  Z
N  N  I  D  D  L  C  E  B
Q  I  C  N  D  I  V  F  M
I  C  I  G  N  O  R  E  X
M  Y  I  N  S  E  R  T  K
P  K  Y  F  M  F  R  H  P
```

ice
icing
icon
icy
idea

ignore
image
imp
index
insert

23

Long I Sounds

Y T K L V C X E E
J R H I L T C N F
P I Y N Y I I T T
D A P E M V R L Q
G L R D R I V E S
R R T I H T D Z L
T G I X S I L T I
K T M N R E K B M
C B Y B D N I N E

bride
drive
grind
line
mice

nine
rise
slime
trial
vine

Short I Sounds

```
V  T  H  I  S  R  K  X  Y
P  R  R  H  W  P  I  N  K
T  B  T  I  F  F  M  T  F
F  M  N  D  N  K  T  K  W
Q  R  M  L  N  G  P  S  P
B  M  I  I  N  M  V  I  D
W  V  L  Z  I  C  L  T  X
B  B  N  L  Z  S  P  L  X
K  G  K  C  H  I  C  K  N
```

blink
chick
frizz
hid
limp

pink
ring
sit
slip
this

J Sounds

```
Y  K  D  C  L  K  Z  X  T
P  J  K  R  R  R  W  S  M
K  H  O  K  C  A  U  M  Z
K  K  C  L  S  J  K  L  J
T  A  D  G  T  E  E  W  L
J  T  I  F  Y  T  M  E  K
U  J  U  T  J  O  K  E  P
M  N  J  L  G  J  A  Z  Z
P  L  M  R  T  Z  R  N  M
```

jack	joke
jazz	jolt
jeep	jump
jet	just
jigsaw	jut

L Sounds

Y L U G K L N M R
Z D Q K L L O M F
T R F K H E J G N
Q N C B B D A M L
X U A J Z L X P F
L L A M E C T L V
M N C K F V R O M
T J I L I M O S T
G L D J N D L E Q

lab   limo
lame   log
leap   lose
led   luck
like   lug

M Sounds

```
M  O  L  E  K  M  A  K  E
T  T  M  K  K  G  M  X  Y
K  M  L  O  N  M  U  S  T
T  I  T  W  M  E  C  Z  B
M  K  M  N  C  N  H  M  N
X  M  J  E  D  D  T  X  D
P  K  C  U  L  R  C  A  X
N  V  M  R  J  O  M  Y  Y
R  H  G  D  T  F  N  M  N
```

mad	mole
make	mom
melon	much
mend	mud
milk	must

N Sounds

```
N A V E L P E N L
Y H W Y E D L E H
L M Y M U N K R N
N N A N K C E N O
G N O M I Q L S T
Z N T N H M M R T
R N W E E M W K D
L Y T W K V N I P
G Y R T N U T M D
```

name	nip
navel	none
nest	not
new	nude
nickel	nut

—NK Sounds

```
M  K  Z  N  P  M  X  D  G
K  P  U  N  K  R  M  K  F
R  M  T  C  L  I  N  K  L
T  D  R  W  N  A  R  Q  U
S  Q  U  M  B  R  M  J  N
A  R  N  N  K  P  I  K  K
N  C  K  N  K  R  N  N  Q
K  W  I  J  N  I  Z  M  K
R  W  Z  M  L  T  N  T  J
```

bank	punk
clink	rink
dunk	sank
flunk	trunk
link	wink

O Words

```
C Z O A R O X V R
O T J B D I Y L Y
L A L F F N Y W M
N O T F D K X V T
X B O S O Q K Z L
N J Y Q P I N X K
F E O G R E L A T
R C T L V N O C W
J T R O V E R L K
```

oak
oar
oats
object
off

ogre
oil
oink
oven
over

31

Long O Sounds

```
X Z R C O V E F N
L Q X X H R D A M
R Y O N N R O P B
K R J P Q L Z L H
M O A T E D E Q E
H A T D G N O P Q
T S N X O X O P N
T T Q C A R D W E
G C L S T O N E W
```

cone   moat
cove   open
dope   roast
goat   rope
loan   stone

Short O Sounds

```
N N Y R C O O K T
Y N L V V P N P C
T C Z B U H O R Q
M P Q O R O L O K
M G S N L O M O J
T O O K L D O F X
Q K O O P B K P P
V B K N P D L K F
T X L O O S E J V
```

book	loose
cook	moon
goop	roof
hood	soup
loop	took

P Sounds

```
N  C  B  P  U  R  S  E  Y
P  R  K  E  P  M  N  L  G
O  O  W  T  G  L  L  C  G
T  K  O  L  K  I  M  Y  Z
L  B  A  R  P  P  V  Y  M
F  P  M  N  P  Z  E  J  C
H  T  U  R  T  Y  D  A  N
Z  P  I  T  B  N  K  R  R
K  N  G  P  A  S  T  G  L
```

pal	pit
past	poor
pear	pot
pet	pun
pill	purse

34

PL Sounds

```
T  N  P  P  L  U  S  P  N
Q  P  L  L  Y  L  K  M  P
P  P  U  F  O  N  K  M  V
P  L  G  P  A  T  U  K  N
R  A  A  L  P  L  A  N  T
D  Y  P  T  P  A  X  T  Q
K  Y  M  Y  E  K  L  N  R
K  M  P  L  I  N  K  B  B
M  H  P  B  F  J  H  L  R
```

plank   plink
plant   plot
plate   plug
play   plump
plea   plus

R Sounds

```
V  M  Y  P  J  E  R  K  L
R  U  L  E  C  K  E  F  T
R  Y  W  A  R  I  S  E  R
N  E  R  R  X  O  T  X  T
L  L  A  K  V  Z  B  P  R
N  T  C  R  D  I  Z  Y  M
R  A  T  O  R  V  B  N  L
X  F  R  S  K  U  V  N  K
M  N  M  E  R  T  L  L  Z
```

race	riser
rat	rob
rear	rose
rest	ruby
rib	rule

S Sounds

```
R W S C S I P Q Q
F Y E T G S R Q N
Q N L M P T A O Z
Y L L P L X O P H
L X T A W S A N D
N S S R B D T N H
X O N I N R G L K
Z I K E R Q V N M
Z L S O R E L B L
```

salt	sip
sand	sire
sap	soil
sell	soon
send	sore

SC Sounds

N B J M X Z B R N
S S S C A R L E T
S C S C U M E Z D
C O E M R R W L Q
A O C N C A O N G
T T X S T C P B V
T E C G S C A L E
E R B R V C G T T
R M M C S Y L K Y

scab	scold
scale	scooter
scarlet	scrap
scatter	screen
scent	scum

SK Sounds

```
Z L S V L P W G F
G M K S K U L L K
S K E L E T O N R
S L W N L C P R N
S K J S K I L L E
K K E D K P T T T
Y N I T Q U A M P
M K Z N C K N N K
S B R V S H C K B
```

skate
skeleton
sketch
skew
skid

skill
skin
skull
skunk
sky

SL Sounds

```
M  S  L  A  T  E  S  G  Y
T  V  K  M  R  H  L  T  D
S  P  I  S  C  S  U  T  M
G  L  L  U  L  S  M  F
S  G  O  B  Y  E  H  P  B
B  L  R  W  D  W  E  A  Q
S  L  I  V  E  R  L  V  N
Z  C  D  N  K  S  L  Y  E
V  M  C  N  J  F  K  H  Z
```

slab	sliver
slate	slouch
sleeve	slow
slew	slush
slim	sly

SM Sounds

```
S  M  I  L  E  K  J  H  S
N  M  M  L  Q  Z  S  N  M
H  Q  I  S  B  A  K  K  O
S  H  D  R  M  Y  X  Y  G
M  Y  Y  S  K  A  L  N  Q
E  Q  B  O  R  L  R  P  Z
A  T  M  D  E  T  M  T  Z
R  S  S  M  O  O  T  H  L
Q  X  S  M  A  L  L  T  K
```

small   smile
smart   smirk
smash   smog
smear   smoky
smelly   smooth

SN Sounds

```
N C S N U B M B L
T Z S N A P K F G
T N S C O R G F H
X S N N L B F L W
Y N E T E I I O R
X O E T N A N T L
V R Z S N S K F X
W E E S N M M N W
R N K M P S N I P
```

snail   snip
snap   snob
sneak   snore
sneeze   snow
sniff   snub

ST Sounds

```
M  K  T  W  T  N  V  L  L
H  S  O  K  P  J  L  S  H
J  T  T  M  S  I  G  T  W
S  M  A  E  T  T  C  E  G
D  T  N  S  E  X  O  W  C
S  T  U  N  T  P  X  R  B
T  D  H  R  M  Q  V  L  M
O  R  F  S  T  I  N  K  J
P  S  T  A  R  V  E  L  L
```

stamp	stink
starve	stop
steep	storm
stew	stow
still	stunt

SW Sounds

```
T B S W I F T T R
K S W O O N E N T
L C I K Y E N N G
S P R S W O R E D
S W L S M S W A P
W Z A A W L H Y G
E J W T Z I L X X
A S T X C L N G K
T V M T Y H Y G J
```

swam   swift
swap   swing
swatch   swirl
sweat   swoon
sweet   swore

44

T Sounds

```
R P C K R L C M Q
X T I R E T N N F
V W G G X A E J T
K M L T T T N N E
T A R O L O G K E
M L Y P T X N W N
K R I N Z R F E M
T T Z Z U N R D T
C V R T U S K M B
```

tan
tar
teen
ten
tip

tire
tone
top
turn
tusk

45

TR Sounds

T K T M T H G K R
H L Z R C X V K T
T V T N O K C E R
X R E T C L P V O
Y R A A R M L R T
T Q R S U U L E N
R T M R H P S M Y
E C T R I M L T H
E K X R T R A I N

track   trim
train   trolley
trash   trot
tree   trumpet
trench   trust

46

Long U Sounds

```
K M M U T E F K L
Z T X L R R R F N
H T N E U T U T D
X D U E T W I D Q
M L U W H E T Y E
B L C N B K K Q J
G L N U E C U S E
F W T Y R C L U E
M P T Q L Y J P R
```

blue	mute
clue	rude
dune	truth
fruit	tube
glue	use

Short U Sounds

```
M  T  R  U  S  T  T  Z  R
H  B  U  T  N  Y  L  E  J
V  D  T  C  R  Z  D  D  L
R  M  G  R  D  N  D  P  K
N  U  U  L  U  N  L  F  Y
C  H  T  H  S  Q  F  D  U
N  U  T  N  T  U  S  U  M
H  Q  T  K  L  X  N  N  M
T  L  T  B  F  K  V  D  Y
```

bluff	rust
but	rut
cut	sum
dust	thunder
hurry	yummy

V Sounds

```
V A S T C R M K T
T P Y V E N D O R
X R K V D N N J T
V Q Y E I A X L B
I Z W A C F U L R
S L V L V A D D T
I B O V V E I C D
T V K L A O R V F
M M G F V T W B Y
```

vain
vast
vat
vault
veal

vendor
verb
visit
void
volcano

W Sounds

```
W Z N B M M W B V
O E R P Z J L I L
O W A S R K V L T
L P R V E W I R R
J Y M R E W A P N
G H O W O W W I N
T W K E D M Q G Z
Q N M S Y W B Y K
H J N T H L T H Q
```

wart	win
was	wit
weave	wool
west	wore
will	wow

WH Sounds

```
F  R  N  L  W  H  I  N  E
J  W  W  W  J  H  H  F  W
P  T  H  W  H  E  X  M  M
W  F  E  O  L  E  D  X  Y
H  W  W  A  S  C  R  H  M
O  G  H  T  P  E  W  E  N
L  W  Q  I  B  R  G  X  T
E  W  H  A  R  F  F  T  P
N  W  N  K  W  L  W  K  J
```

whale	whip
wharf	whirl
where	whole
whew	whose
whine	why

WR Sounds

R R R T P L M W T
W F R A K E W R Y
R W R Q T M E O K
E W R O W L V N Q
S D R I K R H G K
T W L N T L E M J
L Y I Z C E K C N
E R M W R I S T K
W R A T H K F M Q

wrap	wrist
wrath	write
wreck	wrong
wrestle	wrote
wrinkle	wry

A Words

```
K M X M E R C K Y
X Y A L N K S Z N
X V G I N A K R A
G N Q A M L O T R I
A A I L P C C N I
Q N W L A P N D D
M G H K T F L K F
B E G L Z A T E H
F L A N K L E Q V
```

Long A Sounds

```
H R Y T N V L L P
D R Q F N I B Z L
L L B R A K E K A
C W T F K W Z R T
Y R L Y D N I M E
K L A M A A Y D
W A Y V Y C A I T
G R A D E R T N L
P N Z H T R J V T
```

Short A Sounds

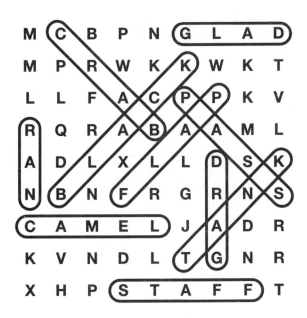

```
M C B P N G L A D
M P R W K K W K T
L L F A C P P K V
R Q R A B A A M L
A D L X L L D S K
N B N F R G R N S
C A M E L J A D R
K V N D L T G N R
X H P S T A F F T
```

B Sounds

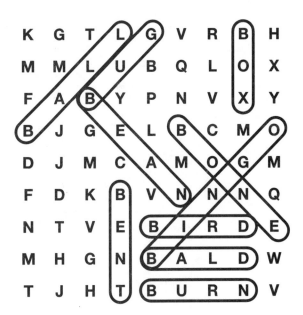

```
K G T L G V R B H
M M L U B Q L O X
F A B Y P N V X Y
B J G E L B C M O
D J M C A M O G M
F D K B V N N Q
N T V E B I R D E
M H G N B A L D W
T J H T B U R N V
```

53

BR Sounds

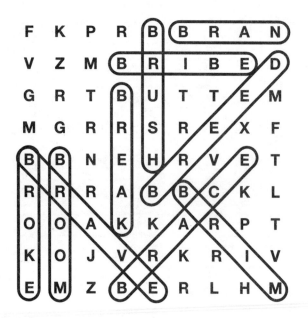

C Sounds

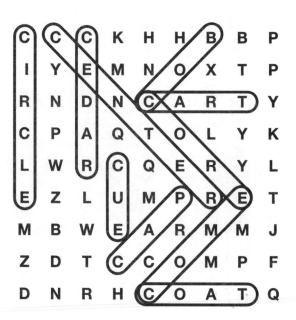

CH Sounds

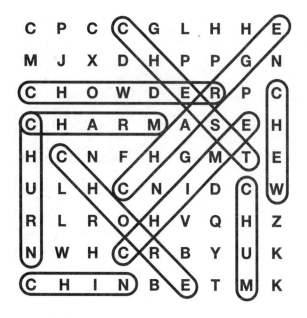

— CK Sounds

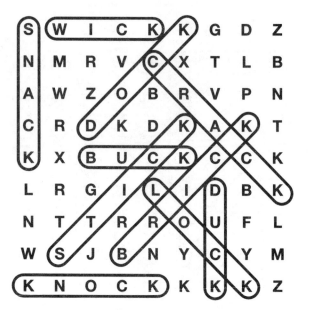

54

CR Sounds

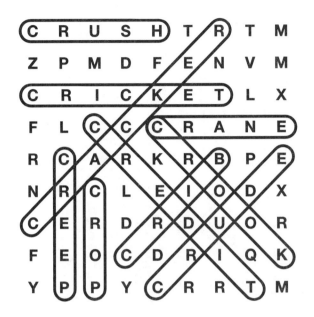

DR Sounds

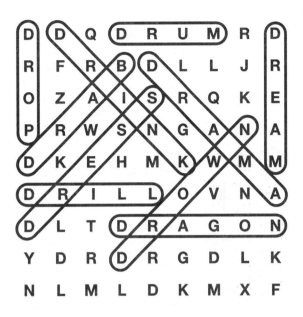

E Words

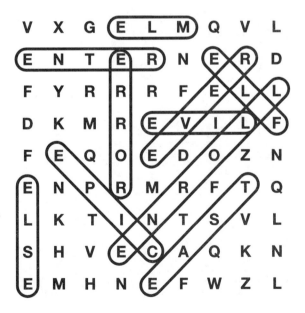

Long E Sounds

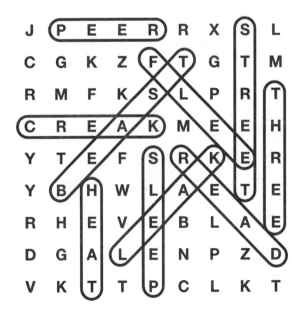

Short E Sounds

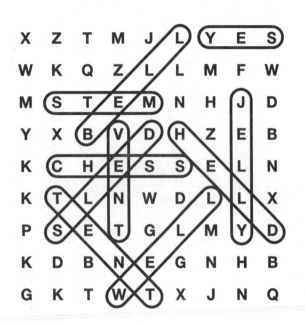

F Sounds

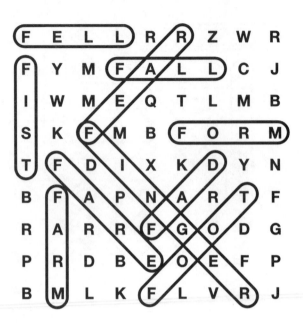

FL Sounds

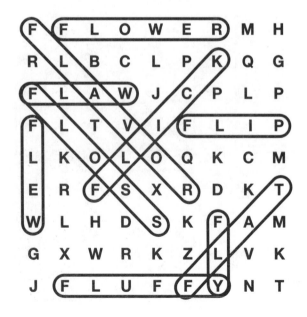

G Sounds

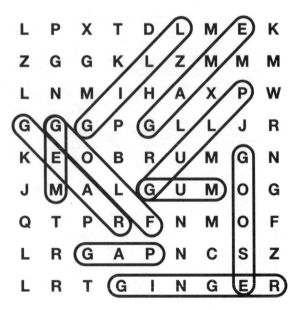

56

GR Sounds

H Sounds

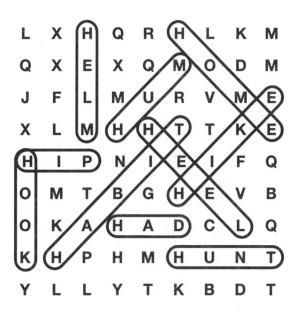

I Words

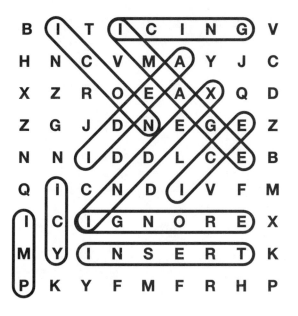

Long I Sounds

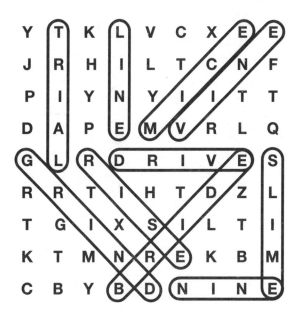

Short I Sounds

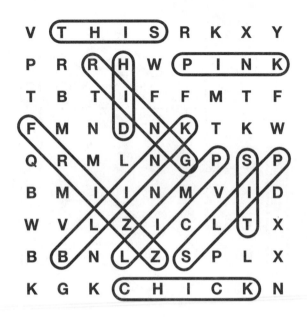

J Sounds

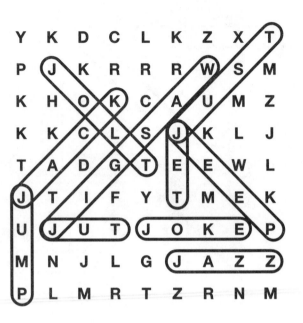

L Sounds

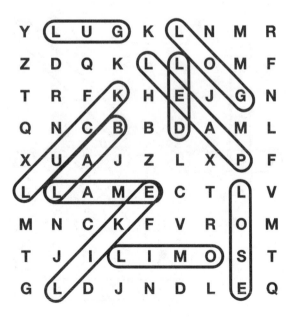

M Sounds

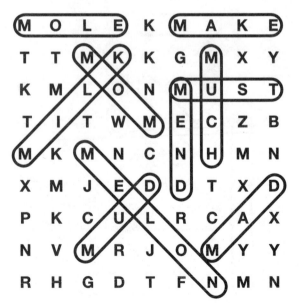

N Sounds

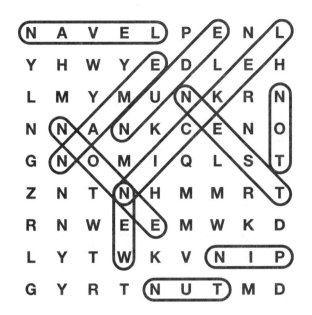

—NK Sounds

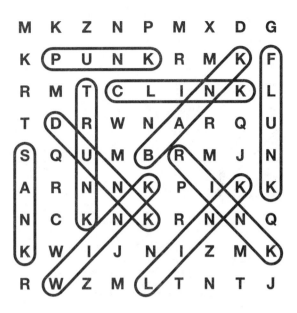

O Words

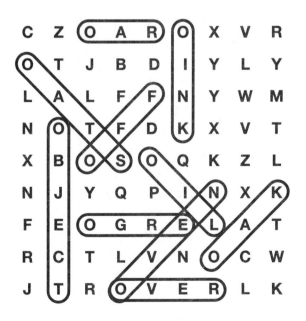

Long O Sounds

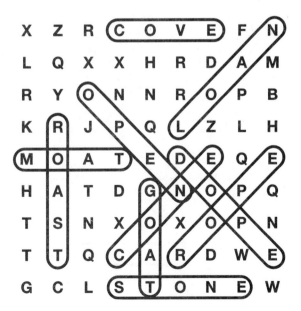

Short O Sounds

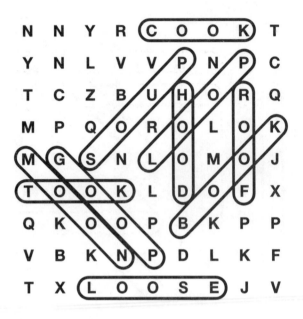

```
N N Y R C O O K T
Y N L V V P N P C
T C Z B U H O R Q
M P Q O R O L O K
M G S N L O M O J
T O O K L D O F X
Q K O O P B K P P
V B K N P D L K F
T X L O O S E J V
```

P Sounds

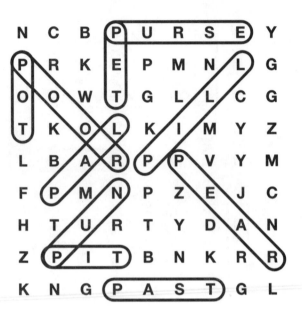

```
N C B P U R S E Y
P R K E P M N L G
O O W T G L L C G
T K O L K I M Y Z
L B A R P P V V M
F P M N P Z E J C
H T U R T Y D A N
Z P I T B N K R R
K N G P A S T G L
```

PL Sounds

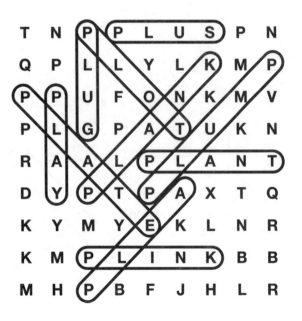

```
T N P P L U S P N
Q P L L Y L K M P
P P U F O N K M V
P L G P A T U K N
R A A L P L A N T
D Y P T P A X T Q
K Y M Y E K L N R
K M P L I N K B B
M H P B F J H L R
```

R Sounds

```
V M Y P J E R K L
R U L E C K E F T
R Y W A R I S E R
N E R R X O T X T
L L A K V Z B P R
N T C R D I Z Y M
R A T O R V B N L
X F R S K U V N K
M N M E R T L L Z
```

S Sounds

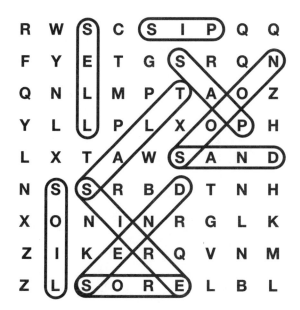

SC Sounds

SK Sounds

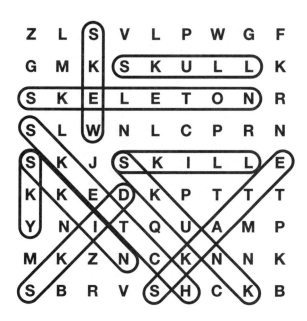

SL Sounds

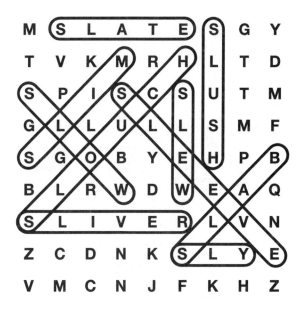

SM Sounds

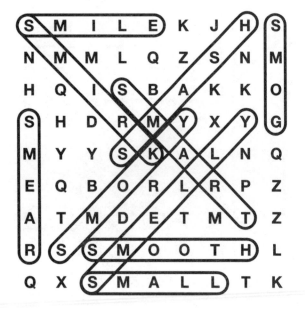

SN Sounds

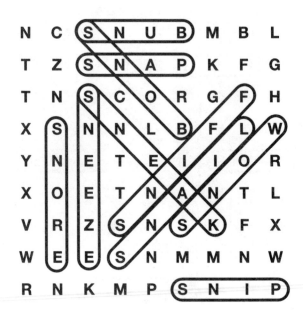

ST Sounds

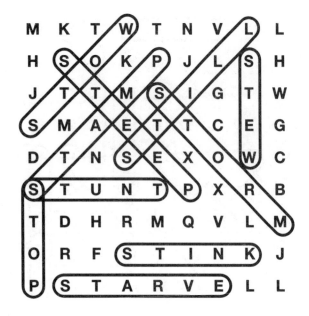

SW Sounds

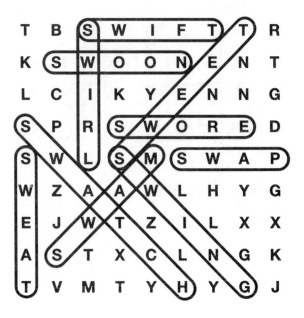

T Sounds

TR Sounds

Long U Sounds

Short U Sounds

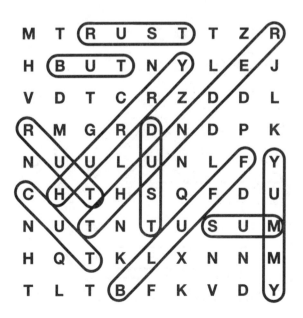

V Sounds

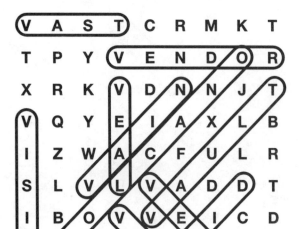

W Sounds

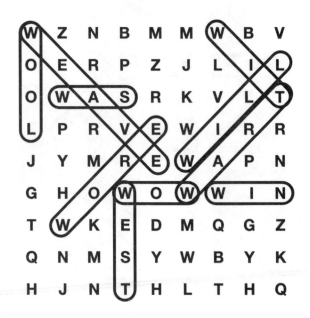

WH Sounds

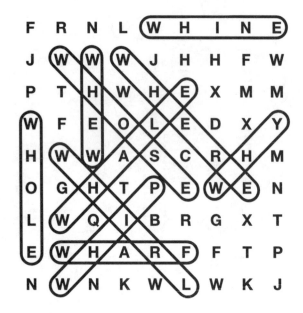

WR Sounds

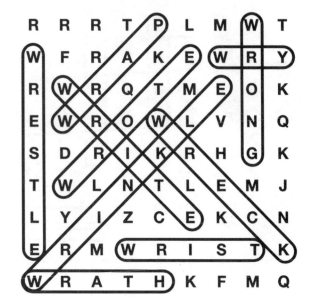

64